Deus

Deus

Francisco Catão

FILOSOFIAS: O PRAZER DO PENSAR
Coleção dirigida por
Marilena Chaui e Juvenal Savian Filho

wmf **martinsfontes**

São Paulo 2011

*Copyright © 2011, Editora WMF Martins Fontes Ltda.,
São Paulo, para a presente edição.*

1.ª edição 2011

Acompanhamento editorial
Helena Guimarães Bittencourt
Revisões gráficas
Letícia Braun
Maria Fernanda Alvares
Edição de arte
Katia Harumi Terasaka
Produção gráfica
Geraldo Alves
Paginação
Moacir Katsumi Matsusaki

Dados Internacionais de Catalogação na Publicação (CIP)
(Câmara Brasileira do Livro, SP, Brasil)

Catão, Francisco
  Deus / Francisco Catão. – São Paulo : Editora WMF Martins Fontes, 2011. – (Filosofias : o prazer do pensar / dirigida por Marilena Chaui e Juvenal Savian Filho)

  ISBN 978-85-7827-379-8

  1. Absoluto (Filosofia) 2. Deus 3. Filosofia moderna 4. Religião – Filosofia I. Chaui, Marilena. II. Savian Filho, Juvenal. III. Título. IV. Série.

11-01063   CDD-111.6

Índices para catálogo sistemático:
  1. Absoluto : Deus : Filosofia   111.6
  2. Deus : Absoluto : Filosofia   111.6

Todos os direitos desta edição reservados à
Editora WMF Martins Fontes Ltda.
Rua Conselheiro Ramalho, 330 01325.000 São Paulo SP Brasil
Tel. (11) 3293.8150 Fax (11) 3101.1042
e-mail: info@wmfmartinsfontes.com.br http://www.wmfmartinsfontes.com.br

SUMÁRIO

Apresentação • 7
Introdução • 9

1. Deus na tradição judaico-cristã • 15
2. Deus na tradição helênico-cristã • 23
3. A filosofia cristã • 33
4. Pensar o pensamento e o mundo • 44
5. Conclusão • 56

Ouvindo os textos • 63
Exercitando a reflexão • 73
Dicas de viagem • 83
Leituras recomendadas • 89

APRESENTAÇÃO
Marilena Chaui e Juvenal Savian Filho

O exercício do pensamento é algo muito prazeroso, e é com essa convicção que convidamos você a viajar conosco pelas reflexões de cada um dos volumes da coleção *Filosofias: o prazer do pensar*.

Atualmente, fala-se sempre que os exercícios físicos dão muito prazer. Quando o corpo está bem treinado, ele não apenas se sente bem com os exercícios, mas tem necessidade de continuar a repeti-los sempre. Nossa experiência é a mesma com o pensamento: uma vez habituados a refletir, nossa mente tem prazer em exercitar-se e quer expandir-se sempre mais. E com a vantagem de que o pensamento não é apenas uma atividade mental, mas envolve também o corpo. É o ser humano inteiro que reflete e tem o prazer do pensamento!

Essa é a experiência que desejamos partilhar com nossos leitores. Cada um dos volumes desta coleção foi concebido para auxiliá-lo a exercitar o seu pensar. Os temas foram cuidadosamente selecionados para abordar os tópicos mais importantes da reflexão filosófica atual, sempre conectados com a história do pensamento.

Assim, a coleção destina-se tanto àqueles que desejam iniciar-se nos caminhos das diferentes filosofias, como àqueles que já estão habituados a eles e querem continuar o exercício da reflexão. E falamos de "filosofias", no plural, pois não há apenas uma forma de pensamento. Pelo contrário, há um caleidoscópio de cores filosóficas muito diferentes e intensas.

Ao mesmo tempo, esses volumes são também um material rico para o uso de professores e estudantes de Filosofia, pois estão inteiramente de acordo com as orientações curriculares do Ministério da Educação para o Ensino Médio e com as expectativas dos cursos básicos de Filosofia para as faculdades brasileiras. Os autores são especialistas reconhecidos em suas áreas, criativos e perspicazes, inteiramente preparados para os objetivos dessa viagem pelo país multifacetado das filosofias.

Seja bem-vindo e boa viagem!

INTRODUÇÃO
O ser humano e sua vida

O ser humano é hoje instigado por todos os lados a buscar fora de si mesmo a satisfação de seus desejos e aspirações.

A publicidade o desperta para o consumo e lhe condiciona a sofisticação do gosto pela novidade, verdadeiro motor da atividade econômica, entendida como processo não só de enriquecimento como até mesmo de desenvolvimento e de promoção humana.

A Natureza é explorada nas forças de que dispõe, consideradas riquezas naturais, embora sujeitas ao progressivo esgotamento. É verdade que se tomou consciência, há menos de cem anos, de que o planeta precisa ser respeitado, mas nossa relação com o meio ambiente natural, inclusive humano, ainda não mudou.

Sim, porque também vivemos, uns em relação aos outros, num clima de competitividade, de agressividade e até de violência. Da vida selvagem primitiva, de que muitas vezes temos saudade, como já se exprimia Jean-Jacques Rousseau (1712-1778), passamos ao regime das leis, naturais, divinas ou contratuais, que nos obrigam a viver segundo a razão.

Mas a dinâmica social de fundo, que anima a humanidade em nossos dias, parece ser a busca da liberdade; e a busca da liberdade numa tensão dialética. Colhemos os frutos, às vezes amargos, de séculos de emancipação bem ou malsucedida. Preferimos viver a vida tal como ela é, sem ter a coragem de aceitar nossos limites, reconhecendo também que há Alguém de quem dependemos inteiramente. É a percepção de Friedrich Nietzsche (1844-1900), que nos convida à autoafirmação absoluta de nós mesmos, pois, no seu dizer, "Deus está morto" e nada há acima do ser humano, nem Natureza, nem lei que a ele se imponha.

1. Por que Deus?

À primeira vista não parece evidente que se passe da condição de vida do ser humano, pressionado pela busca de satisfação e de realização fora de si mesmo, para a questão a respeito de Deus. A tomada de consciência dessa passagem, contudo, é o começo da filosofia para muitos pensadores. Já Aristóteles e, depois dele, os pensadores de todos os séculos, pelo menos no Ocidente, constatavam que a "admiração" está na fonte da Filosofia, que nasce da percepção. Filosofa quem descobre a beleza e a profundidade das coisas mais simples, e se admira.

Admirar-se com a ordem no mundo, sair mentalmente em busca dos elementos mais simples que expliquem a regularidade e a unidade de todos os fenômenos cósmicos, é filosofar, como o fizeram os filósofos de todos os tempos, pelo menos a começar dos primeiros gregos, que estão na origem de nossa tradição de pensamento.

É também filosofar admirar-se com o evoluir da história, descobrir que os acontecimentos, por adversos que sejam, parecem evocar a ação de um destino superior, ou mesmo de uma inteligência primeira, lugar espiritual em que habita a perfeição, como pensava Platão a respeito das Ideias, ou de Alguém que tudo criou e tudo sustenta, como fizeram os hebreus.

A Filosofia é fruto da admiração que vai além da Natureza e da razão. Sem contrariá-las, faz-nos pensar tanto a harmonia do cosmos, em sua unidade para além da multiplicidade dos fenômenos, como a existência de Alguém de quem tudo depende, o próprio cosmos e nós mesmos.

Ora, o que entendemos pelo nome Deus, como já Tomás de Aquino (1224/5-1274) – um dos grandes artífices da unidade entre as tradições bíblica e helênica – afirmava como obviedade, é precisamente o fundamento da unidade do cosmos e da história. Deus não é uma realidade comparável às múltiplas realidades do mundo. Não é também um conceito ou uma ideia com que podemos contar. De Deus não se pode dizer que sabemos o que é nem quem é. Só podemos dizer o que não é, negando tudo que sabemos do que afirmamos existir.

2. O nome Deus

Pouco importa sua origem etimológica. Entendemos por Deus, na nossa tradição filosófica ocidental, o fundamento do mundo, da vida e do próprio ser humano e de sua história, qualquer que seja a importância que dermos à sua existência, acreditemos ou não em Deus. De onde vem então esse nome?

O desenvolvimento atual da antropologia permite afirmar que o fenômeno religioso é universal. Os ritos fúnebres são a manifestação mais antiga e generalizada do reconhecimento pelos grupos humanos mais elementares de um princípio de que tudo depende.

A elaboração dessa percepção criou os deuses. As muitas civilizações os foram integrando na sua visão da vida e do mundo. Nasceram, assim, e se desenvolveram as religiões. Elas faziam parte da substância da vida dos povos que hoje reconhecemos como gregos, mas a problemática a que correspondiam, abordada pela preocupação com a clareza dos conceitos e pela exigência da coerência do discurso, levou a uma nova forma de pensar a unidade do cosmos e da vida, deu origem à Filosofia. Deus nasceu da exigência de pensar o mundo e passou aos poucos a inspirar a vida iluminada pela sabedoria. Filósofos são os amigos da sabedoria.

Não longe da Grécia, porém sempre no Mediterrâneo oriental, formou-se um outro povo, os hebreus, cuja experiência de dependência de um primeiro princípio se concretizou numa epopeia de libertação da escravidão estrangeira, religiosamente atribuída a seu Deus, que o acompanhava desde a origem. Aos patriarcas Abraão, Isaac e Jacó, o Altíssimo havia prometido que se constituiriam como povo independente, para prestar-lhe culto numa terra que lhes seria dada.

Duas culturas. Duas formas humanas de conceber o mundo e a vida. Duas formas, porém, que não se excluíram nem se destruíram historicamente, mas passaram por um dos mais extraordinários processos de osmose, enriqueceram-se durante o largo período de gestação da tradição ocidental, de que até hoje somos devedores.

Essa formidável osmose entre o pensamento grego e as percepções subjacentes à experiência de vida do povo hebreu subsiste em nossa cultura em virtude do reconhecimento de Deus como designação da realidade primeira que está além de todos os conceitos e ideias, é transcendente, e ao mesmo tempo preside de maneira única e inefável a tudo que existe: é criador. Filosofia, no sentido grego do termo, e religião, no sentido hebraico, como reconhecimento do princípio do cosmos e da vida, têm Deus como elemento comum. Nossa cultura nasceu do encontro da tradição bíblica com a filosofia grega. Portanto, para conhecermos em profundidade nossa cultura, temos de refletir sobre Deus.

1. Deus na tradição judaico-cristã

1. Bíblia e filosofia

No contexto da evolução da história, da cultura e do pensamento ocidentais, desde as primeiras manifestações do que se veio a chamar de Modernidade, assistiu-se à emancipação progressiva da razão, que se autodenominou Iluminismo e culminou na independência da Filosofia em relação a todas as outras expressões da cultura, especialmente da religião, distinta como forma de saber.

A distinção entre essas formas de reconhecer o princípio primeiro da realidade, a que denominamos Deus, é legítima e saudável. Costuma hoje, porém, ser interpretada de maneira menos sutil. Muitos a entendem como uma desqualificação da religião qual forma de saber. Consideram a religião como expressão do obscurantismo, oposta à reflexão sobre a realidade, esquecendo-se, precisamente, de que ela nasce da percepção da transcendência inerente ao ser humano. Denominamos Deus a fonte primeira do ser e do conhecimento humano.

Essa forma de separar a Filosofia da religião é própria da Modernidade. Não vigorou na Antiguidade. Foi explicitamente rejeitada pelos pensadores cristãos, que prevaleceram no Ocidente na Antiguidade e na Idade Média e até hoje estão presentes entre nós. Relativizado o impacto do Iluminismo, tornaram-se patentes os limites da Modernidade; a denominada Pós-Modernidade se empenha, precisamente, em resgatar a importância para o ser humano e para a vida dos conhecimentos transracionais, como o é a reflexão sobre Deus.

No contexto cultural contemporâneo, a Bíblia, conjunto das tradições religiosas-culturais do judaísmo e das origens cristãs, vem retomando valor como documento filosófico, isto é, como contribuição importante para o conhecimento da realidade do mundo e do ser humano, de sua condição e de sua vida, do sentido do seu agir e do futuro que o espera.

Não, evidentemente pelo seu conteúdo de fé, que não pode ser explorado a partir dos princípios da razão, nem pela atitude subjetiva que reclama acolhimento desse conteúdo como Palavra de Deus, mas por alguns elementos que pressupõe, entre os quais a afirmação de um princípio primeiro da realidade, a que denominamos Deus.

A articulação saudável entre Bíblia e filosofia tem suas raízes na própria elaboração dos escritos nascidos da fé que sustentava o povo hebreu, mas que deu origem a uma visão do mundo e da vida graças ao trabalho da razão fortalecida pela contribuição da cultura helênica nos chamados Livros Sapienciais (que integram o conjunto da Bíblia). Como toda obra filosófica, a Bíblia deve ser sempre lida como fruto da reflexão, da razão, sobre os fundamentos das percepções primeiras que comandam nossa visão do cosmo e da vida.

2. Filosofia e Bíblia

Não é fácil, para o filósofo, defender hoje o seu direito de ler a Bíblia como filósofo. Não basta argumentar que o interesse da Filosofia pelo conhecimento, sendo universal, inclui também o que está exposto nesse conjunto de livros básicos de nossa cultura. Basta pensar que a Bíblia foi o primeiro livro publicado e o livro que continua até hoje sendo o mais editado. Todos os pensadores o consideraram, quer para fazer dele a fonte de suas reflexões mais significativas, quer para combatê-lo como o principal responsável por toda ignorância e obscurantismo a respeito do que são o homem e o mundo.

Ora, se há algo de que fala a Bíblia e que está no centro de todas as suas narrativas e interpretações, é, sem nenhuma dúvida, Deus. O tema central da Bíblia é a relação Deus-homem e, reciprocamente, homem-Deus. Da primeira até a última linha essa relação está explicitamente presente em todos os seus livros, capítulos e até, de certo modo, em todos os seus versículos. A Bíblia fala sempre e, num certo sentido, somente de Deus na sua relação com os homens, pois se apresenta na história como expressão maior e plena da Palavra de Deus que se autocomunica aos homens, iluminando-os e animando-os com seu Espírito.

Deixar de lado a Bíblia para falar de Deus, na nossa tradição cultural, é privar-se do documento principal e básico, que precisa ser lido tanto do ponto de vista histórico como filosófico. Não se pode alegar que segundo seus próprios autores o acolhimento do que narra requer a fé, pois tudo o que contém visa à compreensão humana e, por conseguinte, tem um sentido também para a razão, sobretudo quando se trata de seu fundamento primeiro, que é Deus.

Longe, portanto, de excluir a contribuição da Bíblia, o filósofo que se propõe a refletir sobre Deus é compelido, por força da história e da razão, a integrar no seu discurso sobre Deus os dados que sustentam a coerência do discurso bíblico a esse respeito.

3. Deus na Bíblia

Dessa forma entende-se a importância que tem a reflexão sobre Deus elaborada pela tradição judaico-cristã na elaboração da reflexão filosófica sobre Deus.

Sendo, porém, a Bíblia um texto antigo, gestado numa cultura totalmente distinta da nossa, a figura de Deus não pode ser lida senão em constante referência a esse contexto.

O primeiro cuidado é saber que se trata de um texto narrativo. Exprime a vivência de um povo inscrita na história. A maneira como se dirige a Deus, os nomes que lhe dá, são prenhes de sua concepção de Deus. Ora, o mais importante desses nomes, como o explicita a narrativa do encontro de Moisés com Deus (*Êxodo* 3,14), é simplesmente a afirmação de sua existência. Deus se apresenta como sendo Javé, denominação que evoca o masculino da terceira pessoa do presente do verbo que significava "ser": Deus é. A percepção da existência está na base do conhecimento que temos de todos os seres e, nesse sentido, é o ponto de partida da Filosofia. O mesmo acontece com Deus, ainda com mais força, pois da afirmação de sua existência depende tudo o que podemos reconhecer de Deus pela razão e, por conseguinte, a fonte do conhecimento filosófico de Deus, segundo a Bíblia.

Tudo que a Bíblia diz de Deus se sintetiza na afirmação da existência, na Realidade Primeira, dessa ou daquela qualidade ou propriedade que se espelha de maneira limitada e imperfeita na nossa experiência histórica e pessoal.

Em consequência, só nos é possível falar de Deus através de metáforas, o que explica o caráter mitológico de todo discurso sobre Deus. As formas em que se concretiza na história o reconhecimento daquele que é, de Javé (nome, aliás, que os judeus nunca pronunciam), são todas figuras de uma relação íntima e pessoal que cada ser humano, na comunidade humana, entretém com a Realidade Primeira, que É.

Essas formas evoluem na história. Deus tem a iniciativa. É ele que faz aliança. Com Noé, confirmando a criação. Com Abraão, estabelecendo seu povo. Com Moisés, libertando esse mesmo povo e o introduzindo na terra prometida. Com Davi, estabelecendo o seu Reino. Com Jesus, enfim, de maneira definitiva, uma aliança pessoal e interior de amor, vivida no coração, sob a força do Espírito, e destinada a durar para sempre, introduzindo os que o acolhem também interiormente, na vida eterna.

A visão que tem a Bíblia do mundo, da história e do próprio ser humano é que Deus está presente e de maneira ativa no mundo e na história, que pode ser descoberto por aqueles que o procuram, pois sua presença é o princípio da sabedoria e da vida no espírito.

Não poderia haver maior estímulo para que, herdeiros da sabedoria judaica e precedidos por Jesus, os cristãos se empenhassem em procurar a Deus, seguindo os caminhos da razão trilhados pelos gregos.

2. Deus na tradição helênico-cristã

1. O mundo e seu princípio

A filosofia que até hoje praticamos no Ocidente e no Oriente próximo nasceu na Grécia.

Aristóteles (384-322 a.C.), um dos principais representantes da filosofia grega, reconhecia que as coisas se deixam conhecer a partir de suas origens. Os fenômenos cósmicos se interpretavam nos tempos imemoriais como resultantes da ação de deuses e heróis. Entre os séculos VII e V antes da Era Comum, nas terras do Mediterrâneo oriental, esses fenômenos começaram a chamar atenção por sua harmonia e regularidade. A admiração que despertaram levou a uma nova forma de encará-los e, portanto, a uma nova forma de pensar o mundo.

Quando hoje lemos os fragmentos que chegaram até nós dos grandes nomes dessa época, vemos que se puseram em busca do princípio de todas as coisas, como Anaximandro (c. 610-545 a.C.) e Anaxímenes (c. 585-525 a.C.), de Mileto. Na mesma época, Heráclito de Éfeso (545-483 a.C.) ressaltou a importância fundamental da fluidez de todas as coisas, enquanto Xenófanes (580-480 a.C.), que emigrou para a Magna Grécia, chamou atenção para a unidade do princípio de todas as coisas. Parmênides de Eleia (540-480 a.C.) passou à história como o defensor da unidade e estabilidade do ser. Logo em seguida, Empédocles (482-424 a.C.) testemunhou o interesse pela composição dos seres, mencionando as partículas mínimas e indivisíveis (átomos) de que se compõem. Anaxágoras (500-428 a.C.) refere-se a uma estrutura inteligente (espírito), enquanto Demócrito (460-371 a.C.) procura tudo explicar pela contraposição e união dos elementos primários.

Nesses primeiros dois séculos da Filosofia não se falou propriamente de deus. Mas, em continuidade com o vocabulário dos mitos e das religiões, buscou-se o que está na origem de todas as coisas, e, nessa busca, levantaram-se os grandes problemas filosóficos que se discutem até hoje e que vão servir de caminho para a reflexão sobre o que viremos a denominar Deus. Poder-

-se-iam resumir tais problemas na tensão entre unidade e pluralidade, ser e vir-a-ser, finito e infinito, matéria e espírito, mundo e além-mundo, imanência e transcendência. Partindo do mundo, o pensamento se abre para o além-mundo e se coloca em face da realidade a que se vai denominar Deus. Deus como princípio do cosmo, unidade que é ou fonte da fluidez das coisas que alcançamos conhecer.

2. As Ideias

Em Atenas, capital da Grécia, no século IV a.C., desenvolveu-se uma preocupação cada vez maior com os problemas das relações humanas entre os cidadãos livres e sua forma de encarar o mundo e a vida. Entre os sofistas, como eram chamados os que se empenhavam em discutir essas questões, prevalecia não apenas o aspecto crítico das ideias e conceitos mal formulados, mas uma atenção positiva à maneira de agir e de pensar. Abriu-se então, para a Filosofia, o novo horizonte da retidão no pensar e no agir, em que brilhará a figura de Sócrates (469-399 a.C.).

O recurso ao pensamento tornou Sócrates suspeito junto às autoridades atenienses, acusado de ser contrário aos deuses e mitos, o que o levou à morte. De fato, porém, a acreditar no seu biógrafo, Xenofonte (c. 430-355 a.C.), Sócrates não só defendia a adoração aos deuses, mas reconhecia a ordenação do mundo como sensata, especialmente no ser humano, manifestando a obra não só dos deuses, mas de uma razão universal, um Deus. O deus de Sócrates, mais do que simples princípio do mundo, é um deus do homem, um espírito, que lhe fala à consciência.

O procedimento socrático, de aperfeiçoamento do pensamento a partir dos conceitos ou ideias, pela metodologia do diálogo, deu oportunidade a que a filosofia se debruçasse sobre a imaterialidade do pensamento e começasse a encaminhar a solução para as questões formuladas na época numa direção que a história demonstrou ser de grande proveito para a Filosofia. Foi o trabalho de Platão (427-347 a.C.), que esboça respostas maduras aos questionamentos até hoje presentes na Filosofia. A leitura dos diálogos de Platão é indispensável a quem busca se iniciar no pensamento filosófico.

Pela primeira vez na história, estamos diante de um pensamento consolidado a respeito de Deus. As ideias com que lidamos são sombras das Ideias que existem num mundo inteligível e superior, acessível somente à razão. A Ideia que preside esse mundo é a Ideia do Bem, a que chegamos não apenas pelo exercício da razão, mas também pelo amor que em nós se vai despertando à medida que a vamos descobrindo.

A Ideia do Bem, que reúne tudo que buscamos pela razão e pelo amor, coincide com o que se vai denominar Deus. Não que Platão haja desenvolvido uma reflexão completa e sem contradições a respeito de Deus. Sua forma de encarar a vida, porém, voltada para o Belo e o Bem, conjugada com a busca de Deus acentuada na tradição bíblica, vai permitir a aproximação entre as duas tradições, que hão de formular filosoficamente a doutrina cristã de Deus, que preside a todo o pensamento ocidental.

3. O pensamento

O maior discípulo de Platão foi Aristóteles, cuja obra teve também importância decisiva na evolução da filosofia ocidental. Durante muitos séculos foi, por antonomásia, chamado simplesmente "o Filósofo". Muitas de suas teses foram contestadas, tanto no âmbito das ciências naturais e psicológicas, em que se aventurou, como na esfera da própria filosofia do ser, posteriormente denominada "metafísica". Numa coisa, porém, Aristóteles permanece mestre até hoje: a arte de pensar, a lógica.

Ora, é justamente significativo que o pensar seja, para Aristóteles, o que há de mais perfeito e que está na origem e no coroamento de tudo o que existe. Deus, nesse contexto, é o pensamento que se pensa a si mesmo, distinto, mais perfeito do que tudo, embora de certo modo alheio a tudo que acontece no fluxo das coisas limitadas e contraditórias que fazem parte do cosmo. Nosso pensar tem algo de divino e nasce da progressiva descoberta do que há de pensamento nas coisas que percebemos pelos sentidos.

Deus é assim o princípio supremo, ele mesmo imóvel, sem nenhuma mudança ou passagem de potência a ato, puro ato, realidade perfeita, sem estar limitado por nenhuma carência ou potência, perfeição ainda não possuída. Realidade necessariamente existente, sem ação exterior sobre outro, nem sujeito a alguma ação que lhe venha do exterior. Está eternamente em si mesmo, como espírito, plenitude originariamente viva e ilimitada de toda perfeição.

A concepção aristotélica de Deus é uma expressão de até onde pode chegar o exercício da razão, fiel a si mesma, seguindo as exigências próprias do pensamento, mas contém um verdadeiro calcanhar de aquiles no que diz respeito a resolver as questões que inevitavelmente se colocam a respeito da relação de Deus com o mundo.

4. A herança helênica

Quando se medita sobre Deus, do ponto de vista filosófico, a contribuição grega é primordial, toda ela dominada pelas ideias platônicas e pelo pensamento de Aristóteles.

Platão e Aristóteles continuaram vivos em Atenas por séculos através de seus discípulos, na Academia e no Liceu, respectivamente. Mas vão logo surgir outras escolas voltadas mais para a prática, seguidores de Epicuro de Samos (*c*. 341-270 a.C.) e de Zenão de Chipre (*c*. 336-264 a.C.), que encaravam o agir humano ora sob a ótica do prazer, o epicurismo, ora como expressão da autonomia pessoal, o estoicismo. Nenhum dos dois se ocupa diretamente de Deus. Os epicuristas não têm por que dele se ocupar, e os estoicos o entendem como realidade interior ao próprio ser humano, princípio de sua autonomia.

No neoplatonismo, porém, último florescimento na Antiguidade posterior da filosofia grega, a questão de Deus tende a aparecer em primeiro lugar. Mais como indagação, porém, do que como fundamento primeiro do mundo. Deus é o fim para o qual caminham todos os humanos, e a Filosofia é a forma de viver em função da unidade ou do Uno, que é Deus. Essa interpretação de Platão se vai impondo aos poucos a partir do século I da Era Comum e influencia decisivamente Plotino (*c*. 205-269/270), já no século III, e Porfírio (232--304), no século seguinte.

Nessa mesma época, o cristianismo, aberto para o diálogo com todos os homens e mulheres, de todas as proveniências e culturas, provocava o diálogo com o pensamento reinante no mundo greco-romano. A posição cristã era de rejeição do paganismo sob o aspecto religioso e dos costumes, mas de busca de um terreno comum na forma de entender a vida e o mundo. Daí que os primeiros autores cristãos assumem a função de estabelecer pontes entre a tradição bíblica, em que estão convictos de encontrar a verdade, e os caminhos que se apresentam como busca da verdade, na herança helênica. Verifica-se assim uma aproximação do cristianismo com a Filosofia, em particular com o estoicismo, sob o aspecto do domínio das paixões, e com o neoplatonismo, sob o ângulo da busca mística da Unidade.

A prática ascética cristã, em particular no monaquismo, integrará muitos aspectos da moral estoica. No que diz respeito a Deus, porém, vigorou o diálogo com o neoplatonismo. Basta lembrar aqui as figuras dos chamados apologetas, entre os quais ressalta Justino de Roma (falecido em 165), que, depois de passar por uma série de escolas filosóficas, converte-se ao cristianismo e nos últimos trinta anos de sua vida se torna um defensor da filosofia cristã, inclusive contra as incompreensões dos filósofos pagãos e contra a má compreensão de Deus do judaísmo.

Muito importante também é o desenvolvimento da escola cristã de Alexandria, cuja vitalidade intelectual reside na tensão que mantém entre o pensamento cristão em gestação e a Filosofia reinante na época. Destacam-se as figuras de Clemente de Alexandria (*c.* 150-215), seu fundador, que inaugura uma filosofia ou gnose cristã, e Orígenes (*c.* 185-234/5), que transpôs para a leitura da Bíblia métodos e ideias básicas do neoplatonismo.

Pode-se assim dizer que a fé em Deus do Antigo Testamento, acolhida pelos cristãos e articulada com a reflexão filosófica, especialmente neoplatônica, permite encaminhar uma reflexão filosófica sobre Deus, capaz de assimilar elementos de origem bíblica e contribuir para um discurso coerente sobre a Realidade Primeira. Discurso ao mesmo tempo filosófico e cristão. A herança helênica, graças à atuação filosófica de gregos convertidos ao cristianismo, deságua como que naturalmente na filosofia cristã.

3. A filosofia cristã

Em diversos momentos da história e sob ângulos diferentes, se discutiu a possibilidade de uma filosofia cristã. Não é aqui lugar para discorrer sobre as dificuldades conceituais e abstratas do termo. Limitemo-nos aos fatos: desde sua origem até hoje, pelo menos desde que se posicionaram como religião reconhecida no século IV, os cristãos cultivaram a Filosofia, dialogando ou discutindo com seus contemporâneos. O pensamento cristão, embora sustentado pela fé herdada da tradição judaica e do ensinamento de Jesus, sentiu sempre a necessidade de se afirmar como pensamento humanamente coerente, capaz de nos proporcionar o conhecimento filosófico do mundo e da vida, por meio do exercício dos sentidos e da razão.

Queiramos ou não, a filosofia cristã é um fato. Não seria racional desconhecê-lo quando se sabe a importância que tem a história para a clarificação das ideias.

Historicamente falando, a interação cultural entre a tradição bíblica e a herança grega, que há mais de dois mil anos se vem efetuando, constitui uma fonte enriquecedora do pensamento humano, inclusive na fase que atravessamos de crítica à Modernidade, em busca de novos referenciais capazes de conferir sentido à visão que temos da vida e do mundo.

1. A Antiguidade cristã

A tradução da Bíblia hebraica para o grego, denominada *Bíblia dos Setenta*, feita em Alexandria, no Egito, no terceiro século antes da Era Comum, manifesta desde então a interação ativa da sabedoria na tradição judaica com as formas de pensar alimentadas pela cultura grega. Uns trezentos anos mais tarde, os setores helenizados das comunidades judaicas vão ocupar lugar de destaque na difusão do movimento de Jesus, criando condições para que o cristianismo, assim designado desde suas origens em Antioquia da Síria, se apresente como uma forma nova, em continuidade com a helênica, de observar a lei mosaica e seguir os ditames de Jesus.

Do ponto de vista da história do pensamento, a filosofia cristã, como fenômeno histórico, nasceu da necessidade de mostrar, em termos da cultura helênica predominante, a racionalidade do discurso cristão e a possibilidade de colaborar com os filósofos em sua procura da sabedoria. Já nos referimos ao caso de Justino Roma, no século II, protótipo do cristão que se faz arauto da razão e disputa com pagãos e com judeus.

Num segundo momento, quando se tratou de prevenir contra as más compreensões da verdade cristã, os concílios, assembleias máximas das igrejas cristãs nascentes, não hesitarão em recorrer a termos filosóficos como essência (*ousía*), substância (*hypóstasis*), natureza (*physis*) e pessoa (*prôsopon*), por exemplo, para excluir maneiras insuficientes de exprimir o ensinamento dos apóstolos cristãos.

Num terceiro momento, tendo prevalecido culturalmente, os cristãos vão desenvolver sua visão da vida e do mundo, sua filosofia, digamos, a partir das formas gregas de pensar. Dois nomes, entre muitos outros, sobressaem nesse período: Agostinho de Hipona (354--430) e Dionísio, o Pseudoareopagita, um autor do século VI que adquiriu extraordinária autoridade por se tornar conhecido como o Dionísio convertido pelo apóstolo Paulo, em seu discurso em Atenas, como Lucas escreve no capítulo 17 dos *Atos dos Apóstolos*.

Por coincidência, ambos os autores são platônicos, mais exatamente, neoplatônicos. Colocam-se na perspectiva de Plotino, de que já falamos, em busca do Uno, que, para eles, é o Deus de Jesus Cristo. Pensam a vida e o mundo, a pessoa e a sociedade, à luz da Verdade e do Bem, que somente pode saciar as aspirações profundas de nosso coração, fazer-nos entender os sucessos e o sentido da história e nos levar à comunhão com o mistério abscôndito e inefável a que denominamos Deus.

Dificilmente se pode analisar o peso do pensamento de Agostinho e, até certo ponto, de Dionísio, na filosofia ocidental. Além de suas muitas obras estritamente filosóficas e pedagógicas, Agostinho, pela ênfase colocada na importância da experiência subjetiva como caminho para a busca da Verdade, inspira a corrente filosófica que valoriza o amor, suprema vivência da subjetividade, e ao mesmo tempo prepara a confiança irrestrita na razão subjetiva, manifestada, por exemplo, em Descartes (1596-1650) nos albores da Modernidade.

Dionísio não goza da mesma universalidade. No que toca, porém, nosso tema, Deus, sua importância é igual. Primeiro por sua doutrina sobre a impossibilidade de elaborarmos um discurso sobre Deus, senão por via negativa. Ele sustenta a teologia apofática dos melhores filósofos e teólogos posteriores: afirmamos a existência de Deus, mas tudo que dele dizemos está baseado na negação do limite do que sabemos a partir de nossa experiência e de nossa razão. Depois, pelos elementos que fornece, com sua autoridade julgada apostólica, para exprimir a experiência mística, no topo de toda sabedoria, como experiência de Deus, o que vai além de todo o trabalho racional da filosofia e da teologia e responde às aspirações transcendentes que ainda hoje, na pós-modernidade, habitam o fundo do pensamento de todo pensador.

2. A Idade Média

Quando se fala de Deus não se pode deixar de valorizar a Idade Média. No entanto, é difícil exagerar o desprezo crescente de que foi objeto na Modernidade.

Tudo indica que essa rejeição da filosofia cristã se deve, antes de tudo, à importância que sempre atribui a Deus. Vale notar que, embora os cristãos reconheçam hoje (como fez, por exemplo, o concílio ecumênico do Vaticano II, no documento intitulado *Gaudium et spes*) que o afastamento de Deus na cultura atual se deva a distorções de pensamento e de comportamento por parte dos próprios cristãos, foi a partir do cristianismo que a filosofia moderna entrou na via de rejeição de Deus, até chegar ao ateísmo prático, característico de nossa cultura. Sob esse aspecto, estamos nos antípodas da Idade Média e temos enorme dificuldade de compreender a qualidade filosófica do pensamento então praticado.

Antes de tudo é preciso compreender que o que explica a história do pensamento sobre Deus, na Idade Média, não é a fé, mas a razão, tal como sempre a entenderam os gregos e que constituía seu principal legado acolhido pelos cristãos. O esforço socrático para purificar os conceitos, assumido pela metodologia platônica, desaguara na lógica aristotélica, que fixou os cânones do pensamento filosófico. Transmitida sob variadas formas, do platonismo ao estoicismo, a forma de pensar grega, a lógica, ditou desde cedo também as formas de pensar cristãs.

O pensamento vigente nas comunidades cristãs desde a Antiguidade foi retomado com vigor nas reformas de Carlos Magno (742-814), que confiou ao monge Alcuíno (c. 735-804) o cuidado da educação, inspirada no modelo helênico. Tal modelo, em que a lógica aristotélica desempenha papel fundamental, foi difundido em seguida nos mosteiros, em virtude da reforma confiada por Luís, o Piedoso (778-840), a Bento de Aniana (750-821).

Isso explica que o grande problema filosófico sobre o qual se debruçam os monges é Deus. Entende-se então que um monge particularmente dotado, Anselmo (1033-1109), nascido no Piemonte, monge na Normandia e bispo na Inglaterra, em Cantuária, passou à história como o filósofo que primeiro formulou um argumento para provar a existência de Deus a partir dele mesmo. O argumento do *Proslogion*, título de uma de suas obras, é até hoje discutido. Não é aceito por Tomás de Aquino, mas foi acolhido por Descartes e, embora rejeitado por Kant, não pode deixar de ser considerado pelo filósofo que reflete sobre Deus.

A riqueza da literatura sobre Deus nas escolas monásticas é inexaurível. A partir do século XIII, porém, o pensamento de Aristóteles passa a intervir no cenário cultural cristão. Trazido pelos árabes, agita as universidades nascentes. A maneira de entender a realidade do mundo sofre mudanças radicais, diante das quais os cristãos são obrigados a se posicionar.

Perante o aristotelismo emergente, costumam-se distinguir os pensadores que permanecem mais próximos de Agostinho, valorizando o processo de encaminhamento para Deus, como Boaventura de Bagnoregio (1221-1274), e os autores que esposam, além do método, o ensinamento aristotélico sobre o mundo natural, físico, e se debruçam sobre as realidades do mundo para, através delas, ir às raízes do pensamento. Entre os aristotélicos ressaltam o alemão Alberto, denominado Magno (c. 1200-1280), e o italiano Tomás de Aquino. Cuidam de traduzir diretamente do grego suas obras e colher-lhes os elementos mais consistentes, fundados na lógica do próprio autor, para utilizá-los na sua forma de pensar o mundo e Deus. Elaboram, assim, sobretudo Tomás, com os instrumentos racionais formulados por Aristóteles e os dados oferecidos pela tradição bíblico-

-cristã, um pensamento sobre Deus que atravessa os séculos e até hoje se defende, tanto diante dos que o discutem na qualidade de herdeiros da tradição religiosa cristã como em nome da razão filosófica.

3. Deus para pensar

Os cristãos acolhem Deus tal como se manifestou pelo seu Pensamento (*Lógos-Verbo*) encarnado, mas a filosofia cristã, por se reconhecer e identificar como filosofia, procura pensar Deus em continuidade com a experiência humana, guiada pela razão. Não é o lugar aqui de discutir todas as dificuldades que encontra, muito menos, de defender racionalmente seus procedimentos. Como dissemos, descrevemos um fato, pretendemos simplesmente dizer qual o perfil de Deus que a filosofia elaborada por cristãos, ciosos da unidade da Verdade, foi levada a esboçar.

A transcendência de Deus é o pano de fundo. Transcendência do pensamento que se pensa em si mesmo, como advinda do livro *Lambda* da *Metafísica* de Aristóteles, e transcendência de Deus criador de todas as coisas, como advinda da tradição bíblica. Reconhece-se, pois, Deus, Verdade inefável, que só nos pode ser acessível através da revelação, mas inseparável da verdade a que tem acesso a razão, o pensamento. A própria transcendência da verdade dita assim dois caminhos inseparáveis para se aceder ao conhecimento de Deus: a revelação, por via da fé, e o pensamento a respeito do mundo e de seus princípios, por via da razão. Essa é, pelo menos, a teoria esboçada por Tomás de Aquino no prólogo de sua obra de juventude, à qual foi sempre fiel, a *Suma contra os gentios*.

Resumindo em alguns traços maiores o perfil de Deus para a filosofia cristã, diríamos, antes de tudo, que reconhecemos à razão a capacidade de afirmar a existência de Deus. No sentido rigoroso dos termos, temos a possibilidade de demonstrar a existência de Deus. Não a partir da ideia que possamos ter de Deus, elaborada pela razão ou haurida do ensinamento da fé, mas a partir da realidade do mundo e de nós mesmos, que ficarão inexplicáveis, sem sentido, se os não referirmos a um princípio transcendente, a que denominamos Deus.

Em contraposição a Anselmo, que falava de Deus a partir da ideia de um ser tão perfeito que inclui a existência em seu conceito, Tomás, depois de rejeitar o argumento por se manter na esfera do simples pensamento, mostra que, a partir dos efeitos criados, a existência de Deus pode ser filosoficamente demonstrada. O caminho para pensar Deus é sempre o que parte da realidade limitada e imperfeita, que reclama uma realidade primeira, ilimitada e perfeita, embora só possa ser conhecida de maneira precária. A grande certeza de Deus, para a filosofia cristã, é que existe uma Realidade Primeira a que denominamos Deus.

A afirmação da existência de uma Realidade Primeira é um dado perene de nossa tradição filosófica e, sob esse aspecto, um título inapreciável de validade do pensamento cristão. Na realidade, Deus é, de fato, na história, um problema filosófico. Talvez até o problema filosófico por excelência, pois todos os filósofos dele se ocuparam, embora alguns para lhe negar a pertinência.

4. Pensar o pensamento e o mundo

A cultura ocidental viveu uma de suas maiores crises na passagem de um mundo concebido como obra de Deus e organizado em função de Deus, para um mundo centralizado no ser humano ávido de se emancipar de todas as predeterminações que sobre ele pesassem, em busca de um mundo experimentado e organizado segundo sua própria razão.

Tomar o ser humano como medida de todas as coisas. Revivia-se o ideal que se atribuía à Antiguidade greco-romana. Punham-se em questão cada dia com mais vigor as visões de mundo em que as aspirações ao infinito despertadas no íntimo da humanidade pareciam cerceadas pelo poder absoluto, pelas imposições e pelo julgamento final da divindade.

Quando, porém, se coloca o ser humano no centro do Universo, desperta-se uma problemática que está longe de ser simples. Desafia-se a tradição teocêntrica, que resistirá nem sempre com muita lucidez por parte dos defensores de ofício da religião. Mas não é o mais grave, embora possa ser o mais aparente. Colocar o ser humano no centro do universo é abrir uma problemática nova. Desvincular-se de Deus é caminhar para a sua negação, é lançar-se no abismo vertiginoso do ateísmo.

Entre os muitos desses novos problemas ressalta o da unidade do Universo. Enquanto tudo dependia de Deus, a unidade de tudo que existe, a unidade do ser, estava radicalmente explicada. Como, porém, explicá-la a partir do ser humano e do mundo? Sem se assegurar a unidade entre as coisas materiais, regidas pelas leis cósmicas, em continuidade com o nosso próprio corpo, e o âmbito do pensamento, das ideias abstratas e dos sentimentos espirituais, caracterizados justamente por sua imaterialidade, impossibilita-se a própria Filosofia.

1. Dois universos distintos

Como então resolver a dualidade entre o espírito e o mundo? A solução mais simples é separar a alma do corpo, artificialmente articulados no ser humano, mas tendo, cada um, natureza e operação independentes.

O corpo é sujeito às leis da matéria, comandado por relações mensuráveis. Liberadas das peias filosóficas, dos conceitos que se haviam reduzido a simples denominações classificatórias – daí o nome de nominalismo – as ciências, regidas pelas matemáticas, redescobrem o universo, colocado assim nas mãos do homem, que o domina progressivamente até os grandes avanços de hoje, tanto no infinitamente grande como no surpreendentemente pequeno. Não podemos deixar de reconhecer os frutos extraordinários dessa desvinculação da matéria do espírito, na esfera da tecnologia e do bem-estar. Mas é impossível sopitar a aspiração à transcendência, que habita no íntimo de todo ser humano.

Todo progresso tem seu reverso, seu lado de sombra. Mergulhar o melhor das forças humanas na exploração da matéria desvinculada do espírito é extenuar a alma, reduzindo-a a simples ornamento do corpo, marca tênue e disfarçada de uma subjetividade sem maior peso de realidade objetiva.

A mais séria consequência dessa dissociação entre a matéria e o espírito, claramente operada por Descartes (1596-1650), é a confissão da impossibilidade de se alçar da matéria ao espírito, que compromete pela raiz a reflexão filosófica sobre Deus, em continuidade com as tradições bíblica e helênica, em que se apoiava a filosofia cristã.

Não que Descartes negue a existência de Deus. Ele a tem como um princípio indiscutível, e vai abraçar o argumento de Anselmo, que afirma a existência de Deus a partir da própria ideia de Deus, independentemente da consideração dos efeitos criados, por serem eles materiais. O que Descartes nega é a passagem do mundo sensível ao inteligível. A Filosofia, que lida com as ideias, fundamenta toda sua certeza na certeza do próprio pensamento – penso, logo existo – e progride graças ao instrumento lógico da dúvida, independentemente de toda verificação sensível, domínio exclusivo da Ciência.

O posicionamento cartesiano de base, marcado pela separação radical entre o corpo e o espírito, influencia em profundidade toda a problemática de Deus enfrentada pelos filósofos imediatamente posteriores. Sem entrar em detalhes, lembremos os nomes de Nicolas Malebranche (1638-1715), que apela para as ideias inatas recebidas diretamente de Deus, uma vez que o conhecimento foi desvinculado da experiência e a relação do mundo com Deus é explicada pelo "ocasionalismo", doutrina segundo a qual toda causalidade criada é, em última análise, fruto da vontade divina.

Em continuidade a essa problemática, entende-se o pensamento de Gottfried Wilhelm Leibniz (1646-1716), que persegue o ideal de uma ciência universal, à luz de um juízo analítico, em que o predicado está contido no sujeito, o que o leva a falar de Deus na origem de uma harmonia preestabelecida, que explicaria a totalidade do pensamento e da realidade. Seu discurso sobre Deus, embora revestido de uma argumentação coerente, por isso filosófica, está de fato orientado pelos dados da fé cristã, pois não se funda na necessidade objetiva de se afirmar a existência de um princípio primeiro a partir do mundo.

Outra via que se apresenta bem mais radical, com base na distinção entre a matéria e o espírito, é o reconhecimento de uma necessidade absoluta imanente a todas as coisas. Apreendemo-las pelo rigor da razão, *more geometrico*, como pensava Baruch de Espinosa (1632-1677), mas as acolhemos *se impondo* a nós de forma absoluta, de tal sorte que somos levados a afirmar que tudo é de fato divino, num posicionamento panenteísta, que tem sua grandeza religiosa e se manifesta no agir humano, na ética.

2. O estatuto da Filosofia como ciência

A ruptura entre o universo do pensamento e a realidade material punha em questão o estatuto epistemológico do saber filosófico. O desenvolvimento das ciências, baseado na observação, na experiência e na sua sistematização graças aos procedimentos matemáticos, se apresentava como uma possibilidade nova de se enfrentarem as questões sobre a vida e sobre o mundo na sua totalidade, ou seja, as questões filosóficas.

Devemos ao pensamento empírico-científico britânico, que desde a Idade Média se vinha desenvolvendo com Roger Bacon (1210-1292), por exemplo, a tentativa de fundar a Filosofia nas mesmas bases experienciais da Ciência, numa tendência que se chamou de empirista e em que se classificam pensadores como John Locke (1632-1704) e David Hume (1711-1776).

Sua preocupação de fundo é buscar um fundamento consistente para a Filosofia.

Historicamente, porém, a perspectiva empirista se mostrou, por um lado, responsável por um distanciamento ainda maior entre o mundo espiritual e o mundo material, fechando o acesso da Filosofia aos problemas espirituais, em particular na questão de Deus. Por outro, desvinculada da problemática espiritual propriamente dita, a razão se constituía soberana no seu próprio âmbito. Explicam-se assim o deísmo, sem que Deus nada tenha que ver com o mundo nem vice-versa, e o Iluminismo, soberania absoluta das luzes da razão, que marcam o pensamento filosófico do século XVIII.

Nesse contexto é que se entende o posicionamento de Immanuel Kant (1724-1804). Kant procurou dar uma solução definitiva ao problema do estatuto da Filosofia. Voltou-se não tanto para os objetos de que trata, mas para o modo de tratá-los, numa perspectiva que denominou transcendental. Dada a ruptura entre a matéria e o espírito, Kant conclui que o espírito tem as suas formas próprias, radicalmente subjetivas, de proceder. A pura razão está assim definitivamente presa à sua própria forma de proceder, fundada nas realidades observáveis, a que se limitam os objetos que pode considerar.

Na sua famosa *Crítica da razão pura* discute a validade das provas clássicas da existência de Deus. Rejeita as três que examina: o argumento anselmiano, que chama de prova ontológica, e as provas fundadas na causalidade e na finalidade, mostrando que se limitam a raciocinar com elementos lógicos, sem ter base na realidade. O caminho para falar filosoficamente de Deus, segundo Kant, se deve procurar junto à ordem moral, da razão prática, em que fazemos a experiência do imperativo ético, indiscutível, categórico, e que oferece a possibilidade de elaborarmos um discurso sobre Deus, princípio, garantia e juízo último do agir humano.

O resultado da dissociação kantiana entre a razão pura e a razão prática é a impossibilidade, pela razão, de visar a todo conhecimento metafísico, inclusive e talvez até, principalmente, no caso de Deus, mas, ao mesmo tempo, a possibilidade única de se elaborar um discurso coerente sobre Deus a partir do dado ético fundamental.

Ora, uma das características do saber, tal como Kant o entende, é a redução à unidade, por meio das classificações sucessivas em diversas categorias. Em todas as áreas, especialmente no caso maior de Deus, ele procura superar a multiplicidade, em busca da unidade do saber. No entanto, a dualidade entre a razão pura e a razão prática fica sem solução, como verdadeira aporia. O pensamento não alcançará jamais a unidade entre razão e intuição, objetividade e subjetividade, verdade e bem, ficando assim frustrada toda tentativa metafísica, tão decisiva para o ser humano, tanto na tradição grega como na própria tradição monoteísta bíblica.

3. Espírito *versus* matéria?

A herança kantiana marca a filosofia moderna a partir do século XIX. Os grandes filósofos, seus sucessores imediatos, sobretudo na Alemanha, empenham-se em buscar a unidade entre a teoria e a prática, o pensamento e a intuição, entre a subjetividade e a objetividade, encarando a realidade a partir do espírito, num movimento que denominamos idealismo, o idealismo alemão.

Deus se vê curiosamente colocado no centro da reflexão sobre a vida e o mundo, por razões, é verdade, não propriamente filosóficas, mas religiosas, provenientes do lugar de destaque que lhe reconhece a Bíblia, encarada no âmbito da razão. A Filosofia se constitui assim de forma a dar consistência ao dado da fé, que reconhece a Deus como o Absoluto. É o que se depreende explicitamente dos escritos de Johann Gottlieb Fichte (1762-1814), sobretudo quando se defende das acusações de ateísmo, e de Wilhelm Joseph Schelling (1775-1854), que, como filósofo, se entende como um arauto de Deus e reivindica para sua filosofia o título de cristã.

Mas a expressão, se não maior, pelo menos mais significativa, do ponto de vista histórico, do denominado idealismo alemão é Wilhelm Friedrich Hegel (1770-1831). Seu grande objetivo é fornecer uma explicação global da realidade a partir do Espírito que pensa. O pensamento está sempre em movimento, é vida, caracterizada por três momentos: da imediaticidade, em que pensa a si mesmo; da mediação, em que se pensa na alteridade; e de uma nova imediaticidade, em que se pensa além de si mesmo de um modo novo, "superado". Essa lei do pensamento é ao mesmo tempo a lei do ser, portanto, o fundamento lógico do pensamento e do ser. Tudo se entende a partir dessa realidade única e absoluta, o Espírito.

Na verdade, do ponto de vista histórico, o que ficou patente foi o caráter monista ou da unidade, tanto do pensamento como da realidade. Unidade interpretada espiritualmente pela chamada ala direita do hegelianismo, mas materialmente, pela ala esquerda, que vai ganhar importância histórica com a interpretação de Ludwig Feuerbach (1804-1872) e em seguida de Karl Marx (1818-1883), na perspectiva de um pensamento que decididamente se distancia de Deus.

O monismo materialista rejeita Deus, é ateu. Não que suprima o problema de Deus, mas procura resolvê--lo pela pura e simples negação de sua existência, na expressão consagrada de Friedrich Nietzsche pela morte de Deus, significando simplesmente, porém, seu desconhecimento filosófico.

Num primeiro momento Deus emigra para o domínio da experiência religiosa e da fé. É o caminho trilhado por Friedrich Schleirmacher (1768-1834), em continuidade com sua formação pietista e, sob certos aspectos, por Sören Kierkegaard (1813-1855), que orienta todo o pensamento para a fé, com base na realidade existencial vivida pelo ser humano, dando origem ao que se veio denominar o existencialismo.

Para a história do pensamento no Brasil não se pode omitir a herança do materialismo científico do iluminismo francês do século XVIII, quer de base antropológica, como o de Julien Offray de La Metrie (1709-1751), quer de amplitude cósmica, como o de Paul Henri, barão de Holbach (1723-1789), explicitamente ateu. A Ciência se arvorava, então, como capaz de explicar todo o "sistema do mundo", passando a ocupar o lugar da religião e da filosofia.

São as ideias que estão na origem do pensamento de Auguste Comte (1798-1857), segundo o qual, num primeiro estágio, a humanidade explicava o mundo pela religião, pelo recurso a Deus operando na história; a partir dos gregos, entrou num segundo estágio dominado pela razão, em que se procurou explicar o mundo por princípios e razões necessárias, pela Filosofia; entrava, porém, agora num terceiro estágio, em que tudo há de ser explicado pela ciência empírica e positiva. O positivismo teve uma influência decisiva no movimento republicano brasileiro e se pode dizer que constitui até hoje o lastro de nosso laicismo.

5. Conclusão
Há lugar para Deus?

Em plena cristandade, no século XIII, como testemunham as diversas passagens de Tomás de Aquino sobre o tema, havia a convicção generalizada de que Deus era a realidade suprema, reconhecida por todos, judeus, cristãos e muçulmanos, ao lado dos grandes filósofos, pensadores, juristas e poetas gregos e romanos. Nesse contexto cultural, a existência de Deus podia ser comprovada a partir da ideia que dele se fazia, pois era o que dava sentido a todo o conhecimento do mundo. Era, por assim dizer, natural.

Cioso dos limites da razão e convencido de que todo nosso conhecimento tem suas raízes nos sentidos, Tomás de Aquino defendeu posição contrária. Para chegar a Deus, ensinava, deve-se necessariamente partir das criaturas, do cosmos e do próprio ser humano. O lugar que Deus ocupa não nos é dado naturalmente, mas precisa ser conquistado pelo duro labor do conhecimento racional, ou então, acolhido pela fé, como um ensinamento que recebemos de nossos antepassados, em última análise, das Sagradas Escrituras e de Jesus, por intermédio da comunidade cristã, vinculada aos discípulos de Jesus pelas suas origens.

Se para cristãos, judeus e muçulmanos, por causa da fé, a existência de Deus parece ser um dom da natureza, devemos, como filósofos, apegar-nos aos fatos e reconhecer que a afirmação da existência de Deus e, portanto, toda a ideia que dele fazemos é um dado cultural.

Essa distinção entre natureza e cultura, quando se trata de Deus, ou seja, dos próprios fundamentos da visão que se tem do mundo, da Filosofia, é fundamental. No âmbito da cultura judaica e islâmica, assim como na cristandade, a afirmação da existência de Deus é como que natural. Mas devemos hoje reconhecer, pelo menos no Ocidente cristão, depois das revoluções da Modernidade, do racionalismo, do Iluminismo, do idealismo e do materialismo, que a afirmação da existência de Deus entra em choque com o universo cultural em que vivemos. Desse modo a cultura, a busca sincera da verdade, o combate a todo irracionalismo e fanatismo, que degradam o ser humano, podem levar a abandonar a referência a Deus. De fato, um número significativo de pensadores e de filósofos desqualifica hoje a possibilidade de se conhecer a Deus e lhe nega até mesmo a existência, no intuito de construir um mundo especificamente humano, libertado das peias supersticiosas ou infantilizantes da religião, acusada de haver causado tantos dissabores à humanidade.

O ateísmo é, assim, um fenômeno de primordial importância no pensamento filosófico moderno e contemporâneo. Seria preciso lhe consagrar um estudo específico, dada a pluralidade de suas feições, a profundidade de suas causas e talvez, sobretudo, a significação de seu alcance. Mencionamo-lo apenas em conclusão porque não pode ser entendido senão em contraposição à imagem cristã de Deus, sendo ele, historicamente, um fenômeno típico do Ocidente cristão. Depois porque o diálogo com o ateísmo não se pode resumir na discussão filosófica, pois está radicado e repercute em toda a visão que se tem de quem é o ser humano, sua experiência de vida, de conhecimento e de amor, e a ideia que se faz de seu destino, da felicidade, com todas as suas consequências éticas.

Isso sem contar que do ponto de vista da história contemporânea, na perspectiva da globalização cultural, um dos fenômenos mais surpreendentes desse início do terceiro milênio é o despertar do fenômeno religioso, que sob certos aspectos ganhou dimensões universais, indo muito além, até, das fronteiras de todas as religiões. Não que se tenha generalizado a preocupação com Deus, mas a percepção de que há no mais íntimo do ser humano uma referência que transcende a tudo quanto se pode captar pela razão, analisar pela Ciência ou alcançar pela técnica. Os caminhos do conhecimento são muito mais diversos do que os da razão, e a vida humana, na pluralidade dos tempos e das culturas, não cabe nas possibilidades de análise racional. A utopia de um mundo perfeito construído pelo ser humano cedeu lugar a um respeito indispensável da Natureza e do meio ambiente e à convicção de que a realização do que sonhamos está além do que podemos imaginar ou pensar.

Esse é o lugar do que classicamente denominamos Deus, na tradição filosófica herdada da Bíblia e do pensamento helênico, que chamamos, por razões históricas, de filosofia cristã. Somente a transcendência responde ao desejo mais íntimo do ser humano, de tal sorte que o acolhimento do inefável e do incompreensível é a base de todo o empenho no conhecimento que, para nós, seres humanos, começa na admiração do mundo e na busca da compreensão de sua estrutura racional, lógica. A fé precede a razão na linha da intenção, mas reclama a razão para se humanizar e se tornar o que é chamada a ser, como perfeição humana na busca do que dá sentido à vida.

O acolhimento da transcendência permite chegar a Deus com mais prontidão e facilidade, mas exige que a razão atue como razão, respondendo aos desafios pelo caminho de coerência consigo mesma. Para tanto a razão precisa, desde o início, se colocar numa perspectiva aberta à transcendência: voltada para além do que lhe é dado conhecer e analisar com os instrumentos que operam na esfera dos sentidos, os quais, por sua vez, estão voltados para o conhecimento e o domínio tecnológico do mundo material.

Nas ciências, exatas ou humanas, a razão está voltada para as coisas que conhece diretamente pelos sentidos, usando, na verdade, instrumentos altamente sofisticados, de observação e de experiência. Nessa perspectiva, não há lugar para Deus. Como tal, a Ciência desconhece Deus. Deixa de fora de seu campo de estudo a transcendência, o referencial a que o ser humano se reporta na busca de plena realização de si mesmo. Nem mesmo a Antropologia ou a História, quando abordam a religião como fenômeno humano, estão capacitadas a se colocar devidamente o problema de Deus. Falarão sempre do ser humano em relação a Deus, do Deus de determinado povo, de um Deus, mas não de Deus, sem artigo, indefinido ou definido, tal como o entendem os judeus, os cristãos e os muçulmanos, ou mesmo os antigos filósofos, Princípio do cosmos, Criador do céu e da terra, Senhor e fim de todas as coisas.

Numa cultura voltada para a realidade atual, terrestre, em que a Ciência ocupa todo o espaço, não há lugar para Deus. A Filosofia, ao contrário, na medida em que se voltar para a pessoa humana na sua originalidade, encontrará o problema de Deus; somente então perceberá que a afirmação da existência de Deus está relacionada com o que há de mais profundo no ser humano. Entenderá como possível que a própria razão exija a afirmação da existência de um princípio primeiro, ao qual, justamente, denominamos Deus.

OUVINDO OS TEXTOS

Texto 1. Agostinho de Hipona (354-430), *A inquietude do coração humano*

Grande és tu Senhor e sumamente louvável. E quer louvar-te o homem, esta parcela de tua criação. Tu o incitas para que sinta prazer em louvar-te; fizeste-nos para ti e inquieto está o nosso coração enquanto não repousa em ti. Dá-me, Senhor, saber e compreender qual seja o primeiro: conhecer-te ou invocar-te. Mas quem te invocará sem te conhecer? Ou será que é melhor seres invocado para seres conhecido? Louvarão o Senhor aqueles que o procuram. Quem o procura o encontra e, tendo encontrado, o louvará. Que eu te busque, Senhor, invocando-te. E como invocarei o meu Deus? Pois, ao invocá-lo, eu o chamarei para dentro de mim. Que lugar haverá em mim onde o meu Deus possa vir? Onde virá Deus em mim, o Deus que fez o céu e a terra? Há, então, Senhor meu Deus, algo em mim que te possa conter?

Pois eu não existiria, meu Deus, se não estivesses em mim. Que és para mim? Dize à minha alma: Eu sou a tua salvação. Minha alma é morada muito estreita para te receber: será alargada por ti, Senhor. Está em ruínas, restaura-a!

> AGOSTINHO DE HIPONA. *Confissões* I,1,1-6.
> Trad. Maria Luiza Amarante. São Paulo: Paulus, 1997,
> pp. 19-23. Trecho adaptado por Francisco Catão.

Texto 2. Anselmo de Cantuária (1033-1109), *Deus é o ser do qual nada se pode pensar maior*

Dá-me, Senhor, o conhecimento do que creio, na medida em que este saber me possa enriquecer: Tu és o que cremos e é nisso que cremos. Cremos que tu és aquele de que nada se pode pensar maior. É um ignorante quem diz em seu coração que Deus não existe, pois ao mesmo tempo que o nega existir, ouve em seu coração que existe algo de que não se pode pensar nada maior, e o entende. O que entende está em sua inteligência antes de admiti-lo que esteja na realidade, pois uma coisa é estar na inteligência; outra, existir, mesmo sem estar na inteligência. Quando o pintor pensa em fazer um quadro, o tem na inteligência, mas sabe ainda não existir na realidade. Depois de o haver pintado, o tem tanto na inteligência como na realidade. Analogamente, o ignorante sabe estar na inteligência algo de que não se pode pensar nada maior, pois, quando ouve mencioná-lo, o entende e sabe, como qualquer outra pessoa, que existe na inteligência. Ora, aquele de que não se pode pensar nada maior não pode estar unicamente na inteligência. Se assim fosse, haveria algo que lhe seria maior, por estar também na realidade. Se, portanto, aquele de que não se pode pensar nada maior estivesse só na inteligência, se poderia pensar algo maior, que exista também na realidade. Logo existe, sem dúvida, aquele de que não se pode pensar nada de maior, pois, existindo na inteligência, existe também na realidade.

ANSELMO DE CANTUÁRIA. *Proslogion*. In: *Obras completas de san Anselmo*. Texto bilíngue. Madri: BAC, 1952, vol. II, p. 366. Trecho traduzido por Francisco Catão.

Texto 3. Tomás de Aquino (1224/5-1274), *Deus é o primeiro motor, não movido por nenhum outro*

Deus existe? Não nos é evidente por si mesmo. Uma proposição é evidente por si mesma se o predicado está incluído na noção do sujeito. É o que acontece com os primeiros princípios da demonstração. A proposição "Deus existe" é evidente por si mesma, porque nela o predicado é idêntico ao sujeito: Deus é seu próprio ser. Mas, como não conhecemos a essência de Deus, não é evidente para nós e precisa ser demonstrada por meio do que nos é mais conhecido. Há dois tipos de demonstração: uma pela causa, outra pelos efeitos. Sempre que os efeitos nos são mais conhecidos do que a causa, recorremos a eles porque, como dependem da causa, manifestam pelo menos sua existência. Assim, a existência de Deus se pode provar por cinco vias. A primeira e a mais clara parte do movimento: nossos sentidos atestam, com toda a certeza, que neste mundo algumas coisas se movem. Ora, tudo o que se move é movido por outro. Nada se move que não esteja em potência em relação ao termo de seu movimento; ao contrário, o que move o faz enquanto se encontra em ato. Mover nada mais é, portanto, do que levar algo da potência ao ato, e nada pode ser levado ao ato senão por um ente em ato. É impossível que sob o mesmo aspecto e do mesmo modo algo seja motor e movido, ou que mova a si próprio. É preciso que tudo o que se move seja movido por outro. Assim, se o que move é também movido, o é necessariamente por outro, e este por outro ainda. Ora, não se pode continuar até o infinito, pois neste caso não haveria um primeiro motor, por conseguinte, tampouco outros motores, pois os motores segundos só se movem pela moção do primeiro motor, como o bastão, que só se move movido pela mão. É necessário chegar a um primeiro motor, não movido por nenhum outro, e um tal ser todos entendem como Deus.

TOMÁS DE AQUINO. *Suma Teológica*. 1ª parte, questão 2, artigos 1 a 3. Vários tradutores. São Paulo: Loyola, 2001, pp. 262-9. Trecho adaptado por Francisco Catão.

Texto 4. René Descartes (1596-1650), *Não haveria ideia de Deus se Deus não existisse*

E certamente não se deve achar estranho que Deus, ao me criar, haja posto em mim esta ideia para ser como que a marca do operário impressa em sua obra: e tampouco é necessário que essa marca seja algo diferente da própria obra. Mas pelo simples fato de Deus me ter criado, é bastante crível que ele, de algum modo, me tenha produzido à sua imagem e semelhança e que eu conceba essa semelhança (na qual a ideia de Deus se acha contida) por meio da mesma faculdade pela qual me concebo a mim próprio; isto quer dizer que, quando reflito sobre mim, não só conheço que sou uma coisa imperfeita, incompleta e dependente de outrem, que tende e aspira incessantemente a algo de melhor e de maior do que sou, mas também conheço, ao mesmo tempo, que aquele de quem dependo possui em si todas essas grandes coisas a que aspiro e cujas ideias encontro em mim, não indefinidamente e só em potência, mas que ele as desfruta de fato, atual e infinitamente, e, assim, que ele é Deus. E toda a força do argumento de que aqui me servi para provar a existência de Deus consiste em que reconheço que seria impossível que minha natureza fosse tal como é, ou seja, que eu tivesse em mim a ideia de um Deus, se Deus não existisse verdadeiramente.

DESCARTES, R. *Meditações* (3ª Meditação, nº 39). Trad. J. Guinsburg e Bento Prado Júnior. São Paulo: Nova Cultural, 1988, p. 44 (Coleção Os Pensadores).

Texto 5. Ludwig Feuerbach (1804–1872), *O vazio e a solidão dão origem a Deus*

O Deus trino é um Deus rico de conteúdo, daí se tornar uma necessidade quando se abstrair do conteúdo da vida real. Quanto mais vazia for a vida, tanto mais rico, mais concreto será o Deus. O esvaziamento do mundo real e o enriquecimento da divindade é um único ato. Somente o homem possui um Deus rico. Deus nasce do sentimento de uma privação; aquilo de que o homem se sente privado (seja uma privação determinada, consciente, seja inconsciente) é para ele Deus. Assim, o desesperado sentimento do vazio e da solidão necessita de um Deus no qual exista sociedade, uma união de seres que se amam intimamente.

> FEUERBACH, L. *A essência do cristianismo*. Trad. José da Silva Brandão. Campinas: Papirus, 1988, p. 116. Trecho adaptado por Francisco Catão.

Texto 6. Friedrich Nietzsche (1844-1900), *Deus está morto!*

Nunca ouviram falar do louco que acendia uma lanterna em pleno dia e desatava a correr pela praça pública gritando sem cessar: 'Procuro Deus! Procuro Deus!' Mas, como havia ali muitos daqueles que não acreditam em Deus, o seu grito provocou grande riso. 'Ter-se-á perdido como uma criança?', dizia um. 'Estará escondido? Terá medo de nós? Terá embarcado? Terá emigrado?', assim gritavam e riam todos ao mesmo tempo. O louco saltou no meio deles e trespassou-os com o olhar. 'Para onde foi Deus?', exclamou, é o que lhes vou dizer. Matamo-lo... vocês e eu! Somos nós, nós todos, que somos seus assassinos! Mas como fizemos isso? Como conseguimos isso? Como conseguimos esvaziar o mar? Quem nos deu uma esponja para apagar o horizonte inteiro? Que fizemos quando desprendemos a corrente que ligava esta terra ao sol? Para onde vai ela agora? Para onde vamos nós próprios? [...] Não ouvimos ainda nada do barulho que fazem os coveiros que enterram Deus? Ainda não sentimos nada da decomposição divina? Os deuses também se decompõem! Deus morreu!

NIETZSCHE, F. *A gaia ciência.* Trad. Alfredo Margarido. Lisboa: Guimarães, 1984, § 126, pp. 145-6. Trecho adaptado por Francisco Catão.

Texto 7. Gianni Vattimo (1936-), *O interesse filosófico pelo renascimento da religião na contemporaneidade*

O silêncio da filosofia sobre Deus parece ser hoje carente de razões filosoficamente relevantes. Os filósofos não falam de Deus, ou, antes, se consideram explicitamente ateus ou irreligiosos por puro hábito, quase por uma espécie de inércia. O fato é que, com o crepúsculo das grandes metanarrativas – das filosofias sistemáticas persuadidas de terem apreendido a verdadeira estrutura do real, as leis da história, o método para o conhecimento da única verdade –, também perderam o valor todas as razões fortes para um ateísmo filosófico. Se não é mais válida a metanarrativa do positivismo, não se pode mais pensar que Deus não existe porque este não é um fato demonstrável cientificamente. Se não é mais válida a metanarrativa do historicismo hegeliano ou marxista, não se pode mais pensar que Deus não existe porque a fé nele corresponde a uma fase superada da história da evolução humana, ou é uma representação ideológica funcional ao domínio. É verdade que justamente Nietzsche, que contribuiu de forma decisiva para a dissolução das metanarrativas, é também aquele que anuncia a morte de Deus. Nisto consiste, porém, um dos tantos aspectos paradoxais da filosofia nietzschiana: o seu anúncio da morte de Deus, que é o mesmo do fim das metanarrativas, em nada exclui o renascimento de muitos deuses. Talvez não se tenha refletido o suficiente sobre o fato de que Nietzsche escreve explicitamente que "é o Deus moral que é negado", isto é, o Deus fundamento, o Deus ato puro de Aristóteles, o Deus supremo arquiteto da racionalidade iluminista. [...] O renascimento da religião na cultura contemporânea não pode deixar de representar um problema para uma filosofia que se habituou a não mais considerar relevante a questão de Deus. Esta filosofia, dizia, com o fim das metanarrativas, viu desaparecerem também as razões do seu tradicional ateísmo ou agnosticismo; porém, parece ser quase fatal que, em tal situação, se quiser estar atenta às razões da atualidade – ou seja, no fundo preocupada em "salvar os fenômenos", em fazer justiça à experiência – deverá tomar ciência do renascimento da religião na consciência comum e das boas razões que motivaram esse renascimento.

VATTIMO, G. *Depois da cristandade*. Trad. Cynthia Marques. Rio de Janeiro: Record, 2004, pp. 109-10. Trecho adaptado por Juvenal Savian Filho.

EXERCITANDO A REFLEXÃO

1. Algumas questões para você compreender melhor o tema:

> **1.1.** Na tradição ocidental, que papel desempenha a Bíblia para a reflexão sobre Deus?
>
> **1.2.** É possível fazer uma leitura filosófica da Bíblia, visando refletir sobre Deus?
>
> **1.3.** Qual a visão de Deus contida em geral na Bíblia?
>
> **1.4.** Como é possível relacionar à questão de Deus a reflexão desenvolvida nos dois primeiros séculos da filosofia grega?
>
> **1.5.** Em que sentido se pode dizer que a Ideia do Bem, concebida por Platão, coincide com o que se chama comumente de Deus?
>
> **1.6.** Por que Aristóteles concebe o ser divino como pensamento?

1.7. Por que se pode dizer que há um "calcanhar de aquiles" no pensamento aristotélico sobre o ser divino?

1.8. Como o ser divino é concebido pelo neoplatonismo?

1.9. O que o cristianismo primitivo aprendeu do neoplatonismo no que se refere à concepção do ser divino?

1.10. Indique a dupla importância de Agostinho para o pensamento cristão, tal como explorada no texto.

1.11. Qual a principal contribuição de Dionísio, o Pseudoareopagita, para a reflexão sobre Deus?

1.12. Pesquise o significado da expressão "teologia apofática" e relacione-a com o pensamento de Dionísio, o Pseudoareopagita.

1.13. Qual a importância de Anselmo de Cantuária e Tomás de Aquino para a reflexão medieval sobre Deus?

1.14. Qual a estratégia argumentativa de Tomás de Aquino, por oposição a Anselmo de Cantuária, para demonstrar a existência de Deus?

1.15. Por que a separação entre matéria e espírito levou Descartes a uma posição semelhante à de Anselmo de Cantuária no que se refere à existência de Deus?

1.16. Por que a perspectiva empirista distanciou ainda mais a Filosofia da questão de Deus?

1.17. Como a distinção kantiana entre razão pura e razão prática influenciou a reflexão sobre Deus?

1.18. Pesquise o significado da expressão "monismo materialista".

1.19. Se o monismo materialista rejeita Deus, que espaço lhe resta segundo F. Schleiermacher e S. Kierkegaard?

1.20. De acordo com a Conclusão, por que não há espaço para Deus nos conhecimentos ditos científicos?

1.21. Ainda de acordo com a Conclusão, por que a Filosofia pode ser o espaço natural para levantar a questão de Deus?

2. Desmontando e montando textos:

Para fazer um exercício de análise de texto, tomaremos o texto 2, de Anselmo de Cantuária. Uma primeira leitura revela-nos que ele contém a prova da existência de Deus, construída a partir da própria ideia de Deus. Observamos também que seu estilo é o de uma prece, ou seja, de um diálogo do autor com Deus. É justamente na forma da prece que aparece o argumento da existência de Deus. Façamos um esforço para extrair esse argumento:

2.1. o ponto de partida do raciocínio está na definição de que Deus é aquele de que nada se pode pensar maior;

2.2. essa definição é aceitável porque, ao ouvi-la, somos capazes de entendê-la, ou seja, compreendemos o que significa um ser do qual não é possível pensar nada de maior;

2.3. se somos capazes de entender o que isso significa, então podemos dizer que esse ser existe na inteligência. Quer dizer, existe na inteligência o ser do qual não é possível pensar nada de maior;

2.4. o exemplo do pintor reforça o que se acabou de dizer, pois, quando ele pretende pintar um quadro, o quadro já existe na sua inteligência, antes de existir na realidade;

2.5. entretanto, se um ser existir apenas na inteligência, ele será menor do que qualquer ser que exista na inteligência e na realidade. Aqui, é preciso entender o termo "maior" não no sentido do tamanho, mas no sentido de algo que tem ser. Poderíamos dizer: algo que existe apenas na inteligência tem menos ser do que algo que existe na inteligência e na realidade;

2.6. então, para que algo seja o ser do qual não é possível pensar nada de maior, é preciso que exista não apenas na inteligência, mas também na realidade. Afinal, se não existir na realidade, não será o maior, pois tudo que existir na inteligência e na realidade será maior do que ele;

2.7. concluindo, se Deus é o ser do qual não é possível pensar nada de maior, ele existe na inteligência e na realidade.

Esses sete passos explicitam o raciocínio contido na prece de Anselmo de Cantuária. Explicam também por que Anselmo chama de ignorante quem diz que Deus não existe; afinal, ao dizer "Deus", o ignorante entende o que significa Deus, ou seja, "o ser do qual nada se pode pensar maior". Somente a ignorância poderia explicar que alguém entenda a ideia de Deus e ainda assim afirme que ele não existe, pois a própria ideia de Deus, como vimos, significa que ele existe tanto na inteligência como na realidade. Se quisermos dividir o texto de Anselmo em partes ou momentos argumentativos, teremos:

1ª parte: "Dá-me, Senhor, o conhecimento do que creio, na medida em que este saber me possa enriquecer: Tu és o que cremos e é nisso que cremos. Cremos que tu és aquele de que nada se pode pensar maior. É um ignorante quem diz em seu coração que Deus não existe, pois, ao mesmo tempo que o nega existir, ouve em seu coração que existe algo de que não se pode pensar nada maior, e o entende."

2ª parte: "O que entende está em sua inteligência antes de admiti-lo que esteja na realidade, pois uma coisa é estar na inteligência, outra existir, mesmo sem estar na inteligência. Quando o pintor pensa em fazer um quadro, o tem na inteligência, mas sabe ainda não existir na realidade. Depois de o haver pintado, o tem tanto na inteligência como na realidade."

3ª parte: "Analogamente, o ignorante sabe estar na inteligência algo de que não se pode pensar nada maior, pois, quando ouve mencioná-lo, o entende e sabe, como qualquer outra pessoa, que existe na inteligência. Ora, aquele de que não se pode pensar nada maior não pode estar unicamente na inteligência. Se assim fosse, haveria algo que lhe seria maior, por estar também na realidade."

4ª parte: "Se, portanto, aquele de que não se pode pensar nada maior estivesse só na inteligência, se poderia pensar algo maior, que exista também na realidade. Logo existe, sem dúvida, aquele de que não se pode pensar nada de maior, pois, existindo na inteligência, existe também na realidade."

3. Praticando-se na análise de textos:

3.1. Aplique a mesma técnica utilizada no exercício 2 aos outros textos selecionados. De início, estruture os raciocínios dos autores, e, em seguida, procure dividi-los em partes. O texto 1, de Agostinho de Hipona, oferecerá maior dificuldade, pois não contém propriamente raciocínios, e, sim, temas correlacionados. Procure, pelo menos, identificar esses temas e esclarecer a correlação entre eles.

3.2. Comparando o texto 3 com o texto 2, identifique a principal diferença no modo como Tomás de Aquino demonstra a existência de Deus. Ele procede como Anselmo, ou seja, demonstra a existência de Deus a partir da própria ideia de Deus, ou toma outro ponto de partida?

3.3. Com base no texto 4, explique como é possível, segundo Descartes, que a natureza humana contenha a ideia de Deus.

3.4. Com base no texto 5, explique por que, segundo Feuerbach, "o esvaziamento do mundo real e o enriquecimento da divindade é um único ato".

3.5. Em sua opinião, por que é considerado louco, no texto 6, aquele que gritava na praça pública "Procuro Deus"?

3.6. O texto 7 inclui uma explicação do que foram as grandes metanarrativas filosóficas e afirma que elas desapareceram. A partir disso, afirma também que não há mais razões filosóficas para o ateísmo puro e simples. Por quê?

3.7. Comparando o texto 7 com o texto 6, que interpretação Gianni Vattimo oferece para o anúncio nietzschiano da morte de Deus?

3.8. Por que, segundo o texto 7, a Filosofia não pode deixar de ter interesse pelo interesse renovado que a religião desperta na contemporaneidade?

4. Agora, algumas questões gerais para você refletir:

4.1. Quais razões você apresentaria para afirmar a existência de Deus?

4.2. Ter fé em Deus significa apenas seguir regras morais ou é algo diferente?

4.3. Você acha que a fé em Deus deve ser algo particular, sem manifestação social?

4.4. Quando a fé em Deus pode significar um problema para a convivência social?

4.5. A fé em Deus e a religião podem ser compatíveis com a democracia?

4.6. É preciso escolher entre a fé e a razão?

4.7. Por que o progresso científico não fez desaparecer as religiões?

DICAS DE VIAGEM

Para você continuar sua viagem pelo tema de Deus, sugerimos:

1. Assista aos seguintes filmes, considerando as reflexões que fizemos neste livro:
   1.1. *A religiosa portuguesa*, direção de Eugène Green, Portugal, 2008.
   1.2. *Diário de um padre (Journal d'un Curé de Campagne)*, direção de Robert Bresson, França, 1950.
   1.3. *Andrei Rublev (Andrei Rublyov)*, direção de Andrei Tarkovski, Rússia, 1966.

2. A escritora brasileira Adélia Prado (1935-) apresentou, em 1998, no II Seminário *Psicologia e Senso Religioso*, organizado pelo Departamento de Psicologia da UFMG, uma conferência intitulada *Arte como experiência religiosa*. Seu objetivo era dizer que a raiz da experiência artística é a mesma da experiência religiosa, ou seja, o desejo de transcendência latente no coração humano. Leia o trecho selecionado abaixo e reflita sobre as seguintes questões:

2.1. O que seria a orfandade original de que fala Adélia Prado?

2.2. Por que o encontro com o Mistério, segundo Adélia Prado, resulta no repouso?

2.3. Por que Adélia Prado insiste que a experiência religiosa é uma experiência de sentido?

2.4. Segundo Adélia Prado, por que a experiência da arte é uma experiência religiosa?

2.5. Relacione o texto de Adélia Prado com o da Conclusão deste livro e busque semelhanças entre ambos.

ARTE COMO EXPERIÊNCIA RELIGIOSA

Experiência religiosa no cotidiano: esse é o tema ou a "teima" do nosso encontro.

A pergunta "para quê?" já é uma pergunta religiosa, porque é uma pergunta pelo sentido. Achar o sentido é achar uma finalidade. E por que eu pergunto? Por que nós perguntamos? Perguntamos porque é da nossa natureza, perguntar me constitui como ser humano; é do nosso estrato íntimo perguntar. E a pergunta nasce de onde? A pergunta nasce de uma orfandade original, eu nasço órfão, eu me vejo existindo numa orfandade que eu percebo que é original. Então eu quero saber a razão, eu pergunto, e essa pergunta "Para quê?" é a eterna pergunta: o que sou? De onde vim? Para onde vou? A natureza dessa pergunta é muito especial também porque eu a faço a algo que não conheço, não vejo, e a resposta é Mistério. Eu me apanho saída de algo misterioso, que não compreendo, e a resposta continua misteriosa. Quando pergunto: "Por que existo? Qual o sentido da vida?" – esta pergunta, tanto quanto a resposta, são dadas a mim, gratuitamente. Você as encontra ou não, mas nunca as fabrica. E este ponto, que eu toco e me responde, eu o vejo e sinto como uma unidade; a meu ver, uma unidade móvel. É só observar a história da arte e das religiões. É como se fosse uma molécula mercurial que corre em meu encalço. Então, é algo que tem uma unidade, mas é móvel, muda de lugar. Pergunta e resposta nunca suficientes, porque "para o desejo do meu coração", para aquilo que eu mais desejo, que eu mais quero, "o mar é uma gota".

Então nós repousamos; quando você topa com essa impossibilidade você repousa, e esse repouso só pode ser feito no Mistério, que está envolvendo a pergunta. Esse repouso ocorre quando eu me prostro, quando eu me curvo, quando eu me submeto, quando eu adoro. É aqui, a meu ver, que se encontram mística e poesia. Diante de um poema, ou diante da consolação espiritual ou da desolação, você está diante de algo que lhe é dado. Por exemplo, de repente você se apanha extremamente feliz e não há uma causa objetiva, uma causa imediata para a sua felicidade; você está feliz. Quer dizer, algo acontece que põe você feliz ou infeliz. Essa ausência de sentido também é uma experiência religiosa, porque é ausência de uma unidade fundante da minha vida. Então, essa experiência – tanto a religiosa como a poética – é algo "inteiro na sua parte", é uma parte que busca não um entendimento meu, mas o meu consentimento. Eu posso ou não consentir na experiência, seja ela de natureza poética, seja de natureza religiosa, que é dirigida não à minha inteligência, não ao meu aparelho lógico, ao meu entendimento, mas ao meu vazio, à minha carência absoluta, à minha pobreza. A experiência de estar feliz sem motivo chega a ser humilhante para nosso orgulho. A gente fica com raiva de estar feliz, porque não tem motivo, é exterior a você, provém de algo externo. Assim como a desolação: você amanhece e já sabe que está desolada, você está precisando de socorro. É fossa, depressão. A experiência da depressão é a experiência do vazio, exatamente da ausência do sentido. Nenhuma filosofia, nenhuma doutrina, muito menos uma ideologia são ferramentas suficientes para suportá-la. Só a radical pobreza e feminilidade do meu ser, seja eu homem ou mulher, permite que estabeleça na desolação um contato com esse centro que me persegue como se fosse um aguilhão. Deus é um aguilhão. Eu não queria falar a palavra Deus, foi sem querer. Essa abertura para um Outro, para a "coisa" que me torna desolada ou consolada, me permite o conhecimento de mim mesma, um conhecimento no mistério. Não adianta, não adiantou até hoje nenhum esforço humano de compreender o que se experimenta tendo uma emoção poética ou religiosa. Mas a submissão ao que acontece, à própria desolação, à própria depressão, a submissão a isso, a entrega a isso faz cumprir-se o meu ser e me traz felicidade. Essa experiência, comum a nós todos, possível a nós todos, precisa e inventa uma língua que a expresse. E essa língua, no caso, é o poema. Quando eu tenho uma experiência de natureza poética, ela pede um corpo tangível, para que seja guardada e experimentada por mim mesma outra vez, ou pelo outro: a concretude é o poema. E a poesia, no caso, é pura expressão, ela não vai conotar a experiência, ela não vai denotar, ela exprime a experiência, e só. É religiosa e de novo me escapa, denota uma ordem e uma beleza que me transcendem e que estão constantemente além.

Experiência religiosa no cotidiano, de Adélia Prado.
Copyright © by Adélia Prado.

LEITURAS RECOMENDADAS

ARMSTRONG, K. *Em defesa de Deus. O que a religião realmente significa*. Trad. Hildegard Feist. São Paulo: Companhia das Letras, 2011.

A autora percorre um cativante itinerário, iniciando pelas experiências do sagrado vividas já por volta dos anos 30.000 a.C. e chegando às modernas discussões sobre Deus, a ciência, o ateísmo, a "morte" de Deus etc. Seu objetivo é enfatizar o verdadeiro sentido que a fé em Deus possui para os crentes, com base em dados históricos e científicos, sem perder de vista o caráter de mistério do ser divino e as inconsistências do racionalismo científico.

DEBRAY, R. *Deus, um itinerário. Material para a história do Eterno no Ocidente*. Trad. Jônatas B. Neto. São Paulo: Companhia das Letras, 2004.

Com o objetivo de aprofundar a compreensão da vida ocidental, o pensador Régis Debray apresenta uma história das transformações pelas quais passou a imagem do Deus Todo-Poderoso do Antigo Testamento.

ESTRADA, J. A. *Deus nas tradições filosóficas*. 2 vols. São Paulo: Paulus, 2003.
Estudos das concepções de Deus ao longo da história da filosofia.

LANGLOIS, L. & ZARKA, Y.-C. (orgs.). *Os filósofos e a questão de Deus*. Trad. Luiz Paulo Rouanet. São Paulo: Loyola, 2009.
O livro procura, a partir do que os filósofos falaram sobre Deus, refletir se é possível ainda hoje abrir caminhos na direção da alteridade e da transcendência. Esforço atual para recolocar a interrogação filosófica sobre Deus.

MASSIMI, M. & MAHFOUD, M. (orgs.). *Diante do mistério. Psicologia e senso religioso*. São Paulo: Loyola, 1999.
Coletânea de artigos a respeito da relação entre a fé e a vida psicológica. Contém, entre outros textos, um depoimento de Adélia Prado.

PENZO, G. & GIBBELINI, R. *Deus na filosofia do século XX*. Trad. Roberto Leal Ferreira. São Paulo: Loyola, 1998.
Estudos do pensamento dos principais filósofos do século XX a respeito de Deus.

SAVIAN FILHO, J. *Deus*. São Paulo: Globo, 2008.
Breve apresentação das visões de Deus presentes na história da filosofia, seguida de debates em torno da afirmação da existência de Deus em contexto contemporâneo.

IMPRESSÃO E ACABAMENTO

YANGRAF

GRÁFICA E EDITORA LTDA.
WWW.YANGRAF.COM.BR
(11) 2095-7722